LES
MANDRIN
EN
SAVOIE

COMMUNICATION FAITE AU CONGRÈS DE CHAMBÉRY 1890

PAR

M. le Chanoine DUCIS

Archiviste de la Haute-Savoie

VICE-PRÉSIDENT

CHAMBÉRY

IMPRIMERIE BOTTERO, C. DRIVET SUCCESSEUR

—

1890

LES MANDRIN EN SAVOIE

COMMUNICATION FAITE AU CONGRÈS DE CHAMBÉRY 1890

PAR

M. le Chanoine DUCIS

Archiviste de la Haute-Savoie

Vice-Président

CHAMBÉRY

IMPRIMERIE BOTTERO, C. DRIVET SUCCESSEUR

—

1890

LES MANDRIN

EN SAVOIE

La famille Mandrin, quelque peu légendaire autrefois, devient aujourd'hui historique, grâce aux découvertes de documents archiviques. Le rôle que deux d'entre eux ont joué en Savoie fournit quelques incidents à l'histoire du pays, et donne une idée de la situation administrative au siècle dernier.

La famille Mandrin était du village de Saint-Etienne de Saint-Jeoire, près des Echelles en Dauphiné. Elle exerçait la contrebande de père en fils. Le père de ceux qui font l'objet de ces notes était, en outre, faux-monnayeur. Il fut tué dans une expédition. Il laissait quatre fils : Pierre, qui fut pendu pour brigandage en 1744 ; Louis, Antoine et Claude, et une fille digne de ses frères.

L'objet de leur contrebande était principalement *la poudre* dite *des princes,* qu'ils tiraient de la Suisse, et le tabac de Hollande. Ils parcouraient toutes les rives du Rhône, depuis le Valais jusqu'au fond du Dauphiné. Ils en remontaient les affluents jusqu'aux montagnes de

Savoie. Cette contrebande portait un préjudice tellement considérable aux Finances, que les fermiers généraux avaient obtenu la création d'un tribunal spécial, appelé la *Chambre ardente*, à Valence, la plus importante des fermes, car elle avait soixante-deux bureaux. Elle jugeait sans appel, et le condamné était pendu dans les vingt-quatre heures.

Louis MANDRIN

Louis, le plus fameux des quatre, tint longtemps en échec la maréchaussée française, les carabiniers et les régiments de Savoie, et la police de Berne.

Le faubourg de Bœuf, à Annecy, conserve la tradition du passage de ses chevaux, qui avaient les pieds empattés pour éviter tout bruit sur les pavés. On a même pu constater que les chevaux étaient quelquefois ferrés à rebours pour dépister les recherches de la police sur la direction des marches. Une lettre du parquet d'Annecy du 28 février 1749, réclamait l'envoi de quelques troupes pour faire la chasse à ces brigands, qui avaient volé des bestiaux dans toutes les provinces et commis les plus grands excès chez les curés de Ferrières, de Chavanne, de Trévignin, par vols et maltraitements.

Il échappait à toutes les patrouilles, à tous les dangers, avec une audace incroyable. La trahison seule put en venir à bout : ce fut par le moyen d'une maîtresse. Il fut découvert au château Rochefort, près le Pont-de-Beauvoisin, le 11 mai 1755, caché sous des fagots de rame, dans une petite pièce inabordable, sauf par une échelle mobile. Cette pièce est restée dans le même état jusqu'à nos jours, que le nouveau propriétaire l'a fait réparer pour habitation. Le mal qu'avait donné Louis Mandrin à la police française était tel que la pendaison ne fut pas jugée suffisante pour satisfaire à la justice. Il fut condamné à être roué le 24 mai 1755, à Valence, après avoir fait amende honorable devant la cathédrale.

Quelques instants avant son supplice, il demanda s'il n'y avait pas quelque Savoyard dans l'assistance. Aussitôt la demande annoncée, un manouvrier des Frasses, près de Saint-Félix, s'approcha de lui et entendit l'indication à voix basse d'un endroit où il avait caché une somme considérable dans le bassin de Rumilly. « En tout cas, ajouta-t-il, quand on vendra mes effets, achète la housse de mon cheval, et tu seras content. » On ne sache pas que le trésor enfoui ait été trouvé ; mais le manouvrier alla au plus pressé, il acheta à l'encan la selle du cheval de Mandrin, et y trouva cousue et dissimulée une somme considérable en or. L'heureux acheteur fut dès lors dans l'aisance, et sa famille a continué de l'être. Je pourrais la nommer.

Ce n'est pas la seule famille qui se soit enrichie des largesses de Mandrin. Quand il était bien reçu dans une ferme, il payait grandement l'hospitalité. Je pourrais citer encore une famille de Groisy en Bornes, dont l'aisance n'a pas cessé depuis qu'elle albergeait les mandrinistes au siècle dernier.

Louis Mandrin avait un lieutenant appelé Echinard, qui, lors de son exécution, parvint à s'expatrier, puis revint mourir paisiblement à Tullins, en 1800, à l'âge de plus de quatre-vingts ans.

L'arrestation de Louis Mandrin sur le territoire de

Savoie par la troupe française, donna lieu à un échange de notes diplomatiques qui aboutirent au traité de Turin du 24 mars 1760, fixant définitivement la limite des territoires savoyard et français par le cours du Rhône et du Guiers. Mais jusque-là, il y eut des épisodes tragiques que les précédents ne firent que précipiter.

Antoine MANDRIN

Le troisième fils Mandrin, Antoine, vint prendre la succession de son frère avec tout le caractère de la famille, aggravé par le désir de la vengeance. Il se mit donc à la tête de la bande des *mandrinistes*, comme on les appelait, composée de vingt à trente contrebandiers, qui pouvaient devenir brigands à la moindre résistance à leurs exactions.

Les correspondances des Autorités, déposées aux Archives départementales, témoignent de tous les embarras que donnait au gouvernement cette troupe, qui se grossissait des déserteurs, des condamnés en rupture de ban, de tous les déclassés.

Le 24 août 1755, peu après l'exécution de Louis Mandrin, les gardes des Gabelles avaient tué un de ces *camelotiers*, comme on les appelait encore, près de Cluses en Faucigny. La bande envahit la maison de Michel Girod, soupçonné d'avoir fait le coup. Il était absent avec son fils ; la femme fut saisie, attachée par le col et menée chez le syndic, le docteur Rol, qui, pris pour otage, fut impuissant à réprimer leurs violences. La pauvre femme fut forcée d'emprunter de divers particuliers la somme de 1,000 livres pour sauver sa vie.

Le préposé aux Gabelles à Sallanches, Bourgeois, menacé plusieurs fois, demandait en vain un appui aux syndics et conseil de ville. Tout lui était refusé, tant la peur des brigands avait paralysé toute énergie. Il réclamait l'envoi de troupes ou son changement, par lettre du 25 août 1755.

Les régiments ou escouades que le gouvernement lançait à leur poursuite n'étaient pas assez exercés pour les surprendre, et le plus souvent ils se laissaient battre, quand ils ne prenaient pas la fuite d'épouvante.

En Faucigny, leur repaire principal était aux grottes de Balme, entre Cluses et Maglans, outre plusieurs autres stations. C'est ainsi qu'à dix minutes de Maglans, près la route de Sallanches, on voyait autrefois un petit bois de sapins à une portée de fusil de la route. Il abritait une grande table monolithe, appelée *Pierre à cache de Mandrin*. Elle reposait comme un dolmen sur plusieurs blocs de pierre, de manière à former un abri assez vaste. Sachant, d'après les documents archiviques, qu'il y avait alors vingt-deux mandrinistes signalés, j'eus la curiosité de mesurer le vide de cet abri. La pierre plate avait environ 50 mètres carrés de superficie, et je trouvai que chacun des vingt-deux brigands pouvait avoir deux mètres carrés pour s'y coucher avec leurs sacs et leurs carabines, et plus encore, si deux devaient monter la garde pendant le sommeil des autres. A mon dernier passage sur cette route, j'ai cherché en vain le souvenir de Mandrin. Les exploiteurs ont brisé la pierre pour des constructions, et le petit bois a également disparu. Ce qui est à regretter surtout, c'est le dolmen druidique.

Le gouvernement de Berne était alors dans les meil-

leurs rapports avec le roi de Sardaigne. La police de
Berne secondait vigoureusement celle de Savoie pour
débarrasser le pays de ces brigandages. Dans une dépê-
che de l'Advoyer de Berne, du 20 mars 1757, adressée au
gouverneur de Savoie, M. de Sinsan, se trouve un ordre
du 16 mars, adressé aux sujets bernois pour la poursuite
de ces malfaiteurs qui dévastaient les rives du Léman,
avec la liste des noms qu'il avait pu recueillir, et que
je donne ici. Il assure qu'ils étaient tous Français de
nation :

« Claude Mandrin, Louis et Jacques Camus frères, le
nommé Bordériaz soit Bourdeau, Jaques Paschal, Pierre
Binbarrade, Réné Guillioud, Jean Rostand dit Lucifer,
les deux Canoniers, Jean-Baptiste Siboud dit le Clerc,
le nommé Cavalier, Claude Mollier se disant de la paroisse de Genebroz, le nommé Barey, le nommé Prêt-à-
Boire, Antoine Sorbet, se disant de la paroisse des
Echelles à la porte de Savoie, Victor Coquet dit le Grena-
dier, de Saint-Thibaud de Couz, Pierre Bernex, se disant
l'Ambassadeur de la paroisse de Verel, François et
Pierre Paccard frères, de la paroisse de Domessin. »

Le nommé *Cavalier* s'appelait régulièrement Guille-
baud, douanier français, condamné par le Sénat de Savoie à cinq ans de galère par arrêt du 14 juillet 1754. Il
avait échappé. Le nommé *Prêt-à-Boire* avait été aussi
condamné à la même peine par arrêt du 28 février 1755.
Echappé également. On en trouvera peut-être d'autres
encore aux Archives du Sénat, car la police de Berne ne
les connaissait pas tous. Je trouve aux Archives départementales les noms de Claude Loulon, de Jourdan, de
Claude Chenoux dit le Grand-Savoyard, de Joseph Du-

truel, etc., et surtout leur chef d'alors Antoine Mandrin, son lieutenant Louis Brisac et son second Jean Bourgeois dit Rognard, de la Côte-Saint-André, dont je vais parler spécialement.

A la publication de l'ordre du gouvernement de Berne, la bande mandriniste s'échappa en Valais. Ce pays ne ressortait pas alors de la Suisse. C'est de là qu'ils pénétrèrent par la vallée de Chamonix en Faucigny, où il y eut plusieurs rencontres avec la patrouille locale, qui ne put prendre qu'une femme. Celle qui l'accompagnait leur échappa ; elle passait pour être la femme du chef de bande. Plusieurs de ces contrebandiers passèrent en Chablais, puis à Carouge et à Genève, où la correspondance de la police en signale de vingt-cinq à trente, vers la fin de 1757.

Vers le mois de février 1759, arrivait à Carouge une chaise de poste avec un personnel se disant de Chambéry. Le chef de police, M. Belmont de Saint-Oyen, ne tarda pas à savoir que c'étaient des contrebandiers ayant avec eux la sœur de Mandrin. Elle alla ensuite dans le pays de Vaud, du commencement de mai jusqu'au 13 juin ; elle resta à Morges jusqu'au 25. Elle rentra à Carouge pour en partir le 1er juillet, à pied, pour Chambéry. Avec un changement de nom, sa présence pouvait écarter le soupçon de contrebande et faciliter les expéditions. Or, voici ce qui se passa dans cette période.

Le 24 avril 1759, Antoine Mandrin et Louis Brisac étaient venus chez le notaire Joseph, fils de Gabriel Rendu, chatelain de Ballon et commis des douanes à Lancrans, appartenant alors au roi de Sardaigne. Ils lui demandèrent à acheter deux quintaux de tabac de Hollande. Rendu, qui ne les connaissait pas, promit la provision pour le vendredi de la semaine suivante, 4 mai. On verra comment ils furent fidèles au rendez-vous.

Lorsque l'administration des Gabelles avait pu leur saisir quelques ballots de contrebande, ils s'en prenaient aux receveurs des douanes et exigeaient le remboursement des valeurs, sous peine de mort.

Le 3 mai 1759, vers neuf heures du soir, trois hommes se présentent chez Louis fils de Maurice Burlat, d'Arcine, commis du bureau de la douane à Chevrier, alors qu'il se couchait. Sous prétexte de commission de la part de l'intendant, ils se firent ouvrir par force. Entrés dans la maison, armés jusqu'aux dents, le chef dit carrément : *Je suis le frère de Mandrin qui a été exécuté ; nous avons perdu cinquante chevaux chargés de contrebande ; il nous faut de l'argent pour retourner à la charge. Je veux périr, mais je m'en fouls : la bourse ou la vie.*

Il le mit en joue, lui fait fouiller partout, garde-robe, buffet, armoires, le menaçant à chaque moment, au point que Burlat, à bout de recherches, lui demanda un instant pour faire un acte de contrition avant de mourir. Des invalides travaillant au fort de l'Ecluse et logés chez lui, se levèrent à son secours. On les menaça de mort s'ils bougeaient. Mandrin prit tout ce qu'il trouva et lui dit : *tout cet argent te sera rendu.* Il promit de lui en faire un reçu ; mais Burlat, déconcerté, ne put se rappeler le chiffre total, et le reçu ne fut pas fait.

Après leur départ, Burlat alla exposer son cas à l'autorité judiciaire, et l'avocat Richard, fils de l'intendant d'Annecy, fut délégué pour aller faire une enquête. C'est alors seulement qu'il put se rappeler que le vol avait été de plus de 200 livres.

En sortant de cette expédition, les mandrinistes dirent qu'ils allaient vers Chanzy pour Genève ; mais, avec ceux qui étaient restés dehors pour cerner la maison, ils se dirigèrent vers le pont de Gresin pour passer le Rhône, et se rendirent à Lancrans, distant de 12 kilomètres. Ils y arrivèrent à deux heures du matin, et allèrent frapper chez le commis des douanes, dont j'ai parlé tout à l'heure, Joseph Rendu. Les trois mêmes se firent ouvrir par force, se donnant pour des employés de douanes d'Eloise et porteurs d'ordres pressants.

Entrés après quelque résistance, ils entourèrent tout armés le pauvre Rendu, et Antoine Mandrin lui tenant le pistolet sur la gorge, lui dit : *Nous sommes Mandrin, mon frère a été roué, je veux être pendu. Nous avons fait une perte considérable ces jours passés, nous voulons nous dédommager sur les gabelles du Roi.* Il fallut leur ouvrir tous les tiroirs, armoires, etc., pendant que les autres cernaient la maison en dehors.

Rendu, revenu un peu de la première émotion, reconnut les deux premiers pour être ceux qui lui avaient commandé deux quintaux de tabac de Hollande le 24 avril précédent, et leur en fit l'observation Antoine Mandrin lui répondit : *Oui, c'est nous, aussi nous vous avons tenu parole, nous sommes venus, mais il n'est plus question de tabac, il nous faut mille livres ou la vie.* Et ils prirent tout ce qu'ils trouvèrent. Rendu avait fait lever sa femme pour aller avertir les voisins. En entendant du bruit dans le village, les contrebandiers restés dehors crièrent à ceux de dedans de se dépêcher. Le commis des douanes se lamentait d'avoir à perdre ses économies personnelles, et à rendre compte à son Administration des sommes qui lui étaient enlevées. — *Ne vous épouvantez pas*, lui dit Mandrin, *vous ne perdrez rien, je vais vous faire un reçu du tout*. Et il le fit en cette teneur dont je respecte l'orthographe :

« Je reconoit et confaise d'avoir reçu de Monsieur Randu le montant de dix vuit Louis neuf avec quatro pistolle et demy de Savoy qu'il ma doner par contrinte ou perdre la vie fait à Lancran ce deuxième mai 1759 — Antoine Mandrin cadet. Louis Brisac. » Au-dessous se trouve un petit cachet de cire rouge représentant une tête de mort. Puis Mandrin ajouta : *Consolez-vous, car dans un quart d'heure d'ici vous entendrez dire qu'un autre aura subi le même sort*. Puis ils prirent le grand chemin de Ballon.

Quant à la date, Rendu ajouta cette note en marge : « Nota que c'est le 4 may et le non le deux may à deux heures et demi après minuit. » La procédure qui s'ensuivit maintient cette date.

J'observe, en passant, que la femme Rendu, qui avait été faire appel au village pour secourir son mari, s'appelait Claudine, fille de Louis Roux, d'Annecy, qui avait obtenu une banche au palais de l'Isle, comme procureur, dès le 6 décembre 1752. Il habitait rue de l'Evêché.

M. Rendu exposa son cas à l'Autorité supérieure. Le Sénat délégua le même avocat Richard fils pour faire les enquêtes et entendre les témoins. Il était déjà juge de la baronnie de Ballon, et il tint les séances de l'enquête au château de Vanchy, dès le 6 mai 1759. Il entendit quatorze témoins, outre les deux plaignants. Les procès-verbaux sont aux Archives départementales. Mais je n'ai pu trouver la conclusion de ce procès. Elle sera probablement aux Archives du Sénat de Savoie.

Toutefois, par une lettre du 8 novembre 1759, du chef de la police Gastaldi, on voit qu'il avait fait transférer trois de ces contrebandiers des prisons de Saint-Julien à celles d'Annecy, où il fit conduire ensuite, avec les fers aux pieds, Jean Bourgeois dit Rognard, qui s'y suicida en battant la tête contre les murs de son cachot.

D'autres avaient été pris et incarcérés à Belley. Parmi eux Joseph Pelissier, de Nances, se disant Joseph Charpine, de Novalaise, avait été relâché moyennant 400 livres. François Laracine, d'Ordonnax en Bugey, l'a été pour 300 livres.

D'après une lettre de M. Mallard à Joseph Rendu, du 30 novembre 1759, Antoine Perreau, se disant de Versailleux en Dombes, avait été condamné, le 27 novembre 1759, à trois ans de galère, et allait être transféré des prisons de Belley à celles de Lyon, à moins que la Cour de Sardaigne ne le réclamât. Or, Joseph Rendu alla à Belley et le reconnut pour être Antoine Mandrin, ainsi qu'il l'assure par une lettre du 16 janvier 1760. Je n'ai pu trouver les suites de cette reconnaissance, ni la fin d'Antoine Mandrin, non plus que celle de son frère Claude et de leur sœur, dont je n'ai jamais rencontré le nom.

Dans la même lettre, Rendu remerciait son chef de la somme de 217 livres 15 sols qu'il avait reçue en remboursement de ce qui lui avait été pris, en dehors de la caisse, dans la malheureuse nuit du 3 au 4 mai 1759, et demandait encore un dédommagement pour la maladie qu'il en avait contractée et pour les autres désagréments de sa famille. On ne sait pas s'il obtint quelque chose. Par le traité de Turin du 24 mars 1760, toute la rive droite du Rhône passait à la France après l'approbation du traité par les deux puissances, en juillet suivant. Rendu n'ambitionnait qu'un bureau de tabac, et il avait déjà des concurrents.

Le commis aux douanes, Louis Burlat, n'en fut pas quitte pour l'expédition du mois de mai 1759. Le 2 avril 1762, vers les 7 heures du matin, huit mandrinistes, armés de fusils ou de pistolets, investirent sa maison ; six restèrent dehors et deux entrèrent, qui le trouvèrent au lit, indisposé, le chargèrent d'injures, l'accusant d'être la cause qu'ils avaient perdu trente-deux ballots de marchandises, et qu'il devait en payer la valeur sous peine de la vie. Il leur livra 28 gros écus de France enfermés dans un tiroir, 20 livres tirées de son gousset, et comme ils n'étaient pas satisfaits, ils le menèrent chez le curé, qui leur donna en son nom 12 louis neufs, et, en face de leurs menaces, une femme Françoise Dunand, de Chevrier, voulut bien en fournir 12 autres pour le même Burlat, auquel ils prirent encore un fusil, deux pistolets, un sabre, une gibecière, etc., outre la somme totale de 32 louis neufs ci-dessus.

Une nouvelle enquête eut lieu le 28 juillet, on entendit vingt-huit témoins. A l'aide de leurs renseignements et de ceux de Burlat, on voit que les contrebandiers étaient : 1° le Prussien ou le grand Alexandre, de la comté de Neufchâtel ; 2° Joseph Pin, de Bourg-en-Bresse ; 3° François Jacquemet dit Jacquemier, de Léaz ; 4° Louis Paschal dit le Chapelier, de Lyon ; 5° Benoît Semond, soit Joseph Pancaud, de Lyon ; 6° Joseph Baudichon dit le Mugnier, déserteur de Savigny en Genevois ; 7º Antoine Berlioz, de Serrières en Chautagne ; 8º un inconnu, peut-être l'un des deux du nº 5. On les a vus, sur le tard du 2 avril, chez un cabaretier au village de Pency. Je n'ai pas trouvé la suite de ce procès.

Dans les deux enquêtes pour les affaires Burlat et Rendu, les deux plaignants et leurs témoins ont donné le signalement d'Antoine Mandrin, de Louis Brisac et de Jean dit Rognard. Je pense satisfaire à une légitime curiosité en reproduisant ici celui d'Antoine Mandrin. Je choisis la description faite par la femme Rendu, Claudine Roux, d'Annecy, parce que les femmes observent beaucoup mieux les détails de costumes et de physionomie :

« Hauteur, 5 pieds et demi, âgé d'environ 35 à 40 ans, épaules larges, hautes, carrées, ce qui paraît d'avoir le col court, cheveux d'un blond ardent, attachés avec un ruban rouge, visage large et plein, un peu plat, le nez relevé et large, les yeux bleus et couverts, les sourcils fort épais, de la même couleur que les cheveux et la barbe, avec quelques rousseurs sur le visage. Il n'y avait rien d'affreux dans sa physionomie, une voix douce, bouche riante en parlant.

« Habillé de drap tirant sur le jaune foncé, veste de drap blanc croisée, soit à la bavaroise, fort courte, serrée par un ceinturon de buffle auquel pendaient une corne à poudre et plusieurs pistolets, outre celui qu'il tenait à la main ; il portait en bandoulière un sabre courbe à poignée jaune.

« La première fois qu'il vint à la maison (24 avril), c'était le même, mais sans armes. »

Le signalement de Louis Mandrin a été publié dans la *Petite Revue des Bibliophiles dauphinois*, avril 1873, p. 114. Il y a plus d'un point de ressemblance entre les deux frères, surtout la couleur des cheveux, le corps robuste et bien planté, la veste à la bavaroise, etc.

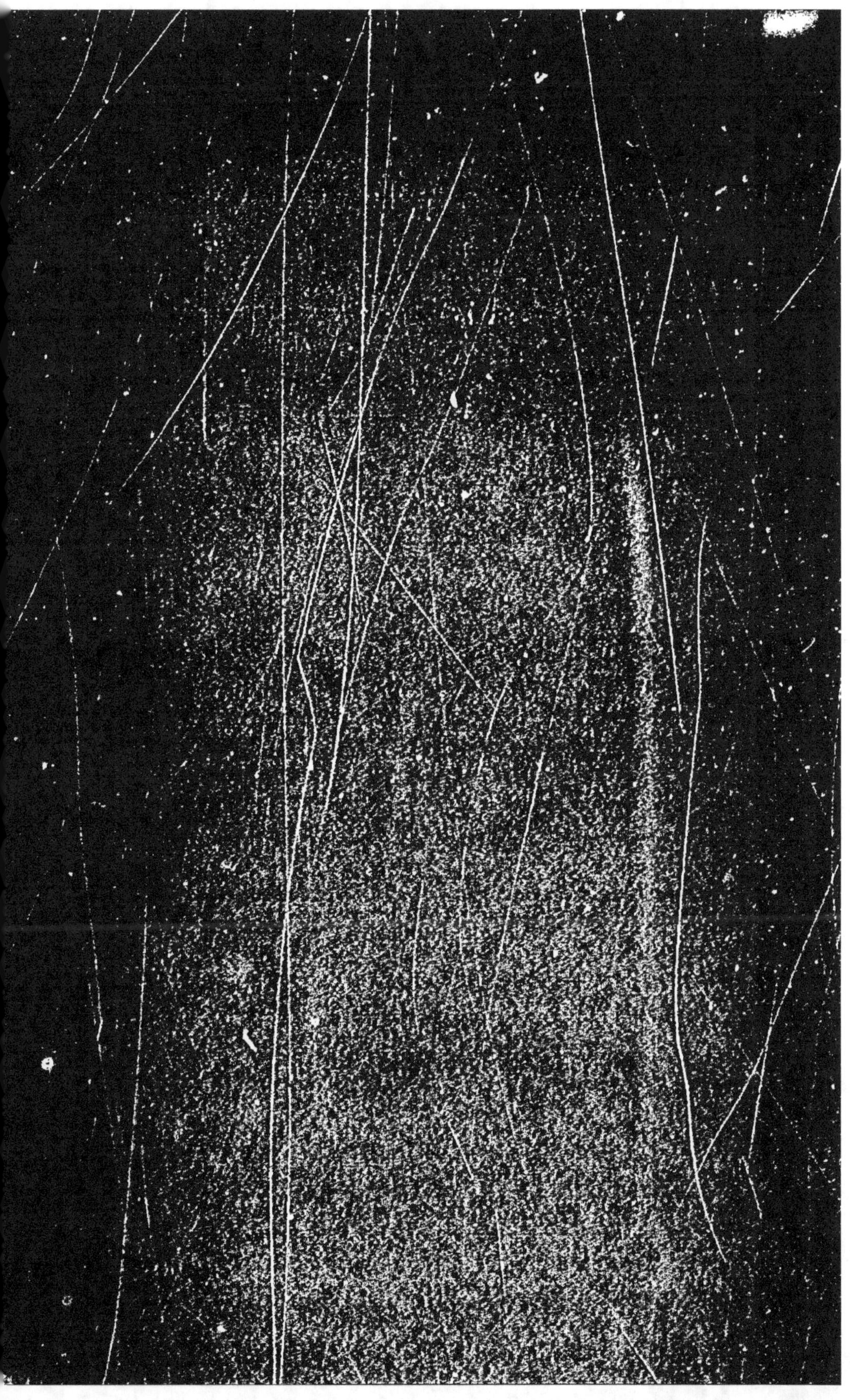

www.ingramcontent.com/pod-product-compliance
Lightning Source LLC
LaVergne TN
LVHW020435060726
842525LV00006B/2389